ガイジン
GAIJIN

ティム・エルンスト　　解説 トミー植松

The Japan Times

GAIJIN
©1987 by Tim Ernst & Tommy Uematsu

All the cartoons in this book were originally carried
on the Mainichi Daily News from 1984 to 1986.

Published by The Japan Times, Ltd.
5-4, Shibaura 4-chome, Minato-ku, Tokyo 108 Japan

Printed in Japan

PREFACE

GAIJIN! GAIJIN! How often have I turned to answer that accusation? To some, the word signifies discrimination. To others, a derogatory yoke to be collared with. Yet to me, it's a badge of distinction to be displayed with honor. An epithet worn proudly but taken lightly. For where else besides Japan can you walk down the street and leave in your wake gaping children on the fringe of hysteria, giggling schoolgirls clasping hands to mouths in feigned embarrassment, and old-timers locked in frozen stares? Where else can you go where mistakes are tolerated because you are not expected to understand either the language or the society? And where else can you go and never get lost in a crowd? I assure you, as a GAIJIN you can be something special without practice!

This book is thus dedicated to all GAIJINS and GAIJIN lovers who have never exhausted the gift of a sense of humor. They are my partners in the precious human folly I have recorded here. I'm sure you'll find yourself somewhere in these pages.

April 1987
Tim Ernst

はじめに

　日本にやって来た外国人のほとんどの人たちが感心するのは，電車の中でぐうぐう熟睡しているはずの乗客が自分の降りる駅ではパッと目を覚まして飛び降りることである。彼らは，これを日本人の特技の一つと思っている。

　また会社やデパートの男性トイレで彼らが用便中に女性清掃員が作業を続行することにショックを受ける。

　我々の日常茶飯事が，彼らには当惑であり，驚異であり，また時には喜劇でもある。この小冊子はそういった外国人，特にアメリカ人が見た日本人を忌憚なく描いた一種の風物誌でもある。

　日本人が使う「外人」は外国人 (*foreigner*) とはニュアンスが異なる。それは，関西弁の「あきまへん」が東京でいう「駄目だ」とも違い，また長崎弁の「ばってん」が，標準語の「しかしながら……」とも異なることに似ている。

　「百聞は一見に如かず」という。友人 Tim の漫画を通して，楽しみながら異文化コミュニケーションの参考になれば解説者として幸いである。なお，貴重なご示唆を戴いた旧友小松公映氏にこの場を借りて，感謝の意を表したい。

　1987年春

トミー　植松

CONTENTS

I

'Wow! Gaijin!'

「あっ、ガイジンだ！」

場所を間違えました！　日本の訪問販売は一度つかまえたら離さない根性のしつこい押し売り型. そんな人たちも, 出てきたその家の人が外人だと,「あっ, 外人だ」と驚いてササッと逃げ帰ってしまう人が多いらしい. 外人とて日本に住んでいる以上, セールスの話ぐらいわかるはずなのに.

3

別に変わりないんですよ　公衆浴場と
いうものに慣れていない外人にとって，
銭湯に行くのは勇気がいるもの．まし
て，外人はどういう体をしているのか
しらとジロジロ見られては，裸の実感
これに過ぐるもの無しという感覚．つ
いでながら，あちらでは一般の女性は
本能的に胸を隠したがるものである．

ボクはいませんよ／ 日本ではとかく
外人は目立つ存在．当の本人たちは何
とかごまかそうと濃いサングラスなど
をかけたりする人もいるが，かえって
逆効果のようである．背が高くて髪の
毛が茶色っぽく，鼻が大きければ，目
立たないはずがない．ましてトイレの
スリッパをはいたままだと．

5

どうして立っているの!?　電車やバス
の中で空席があっても隣の席が外人だ
と座ろうとしないのが一般日本人の傾
向. 英語で話かけられて答えられない
と困るという心配が先立つ場合もある
が，特にこれといった理由があるわけ
でもない. まあ外人に対する意識過剰
がそうさせるのだろう.

何がおかしいの？ 何といっても文化の違いで日本人とは笑う個所が違う.（要約のスーパーではその面白さが表現不可能ということもあるが）更に外人は周囲に気兼ねすることなく声を出して笑うが, 日本人は一人目立つことを避け声を殺して笑うから, 外人の笑い声が余計に目立つことになるわけだ.

7

SOME GAIJINS DON'T MIND BEING STARED AT.

©1986 ERNST

さあ，もっと見て！ 日本は単一民族であるから自分たちと違った肌や髪の色の人に自然と目が行ってしまうのだろう．外人も最初はジロジロ見られるのを嫌がるが，慣れてくるとかえって見られないとなにか無視されたような気になるものだそうだ．

ええ，どうせわかりませんよーだ　外人は日本のことなど到底理解し得ないと頭から決めてかかっている日本人が少なくない．最近では日本語の弁論大会に参加したり，能を舞ったり，漢字を駆使した日本語の随筆を書いたりする外人もあちらこちらに存在する．先入観を捨ててかからねば．

9

ボクって宇宙人？ 映画のタイトルにもなったAlienには「地球のものではない」つまり「他の星の生物，動物」という意味もある．外人が空港で入国審査を受ける時に並ぶ列を示す掲示にAlienという文字を見て奇異な感じと同時に疎外感を受けるらしい．Non-Japanese の方がベターだが，外人には何も書かなくて，日本人のみにJapaneseと書く方がベストである．

II

Incredible Nippon!

不思議な国「ニッポン」

ゼロが一つ多いんじゃない!? 本国で使っていた同じものを日本で買うと物によっては2倍も3倍も，いやそれ以上の値段が付いているのに驚く外人は少なくない．関税や内国消費税などの税金がかかるから仕方ないが，仕事で日本勤務を命じられたビジネスマンやその家族は着任後，サラリーが上がって喜ぶのもつかの間，物価高，特に食料品の値段の高さに溜息をつくという．

狭すぎるよ　一般に足の長い外人にとっては，日本のバスの足の空間が狭すぎて，伸ばすどころか通路にはみでてしまう．日本の若者も最近身長と足だけは伸びてきているから，それに合わせてバスの座席改良も必要だろう．

14

GAIJINS KNOW DOCTORS WILL PRESCRIBE MORE PILLS AT ONE TIME THAN THEY'VE EVER TAKEN IN THEIR WHOLE LIFE.

©1984 T. ERNST

そんなに悪いのかしら!? 医薬分業の英米では,医師は患者に処方箋を書くだけ.患者はそれを,アメリカでは Pharmacy,イギリスでは Chemist's と書かれた薬局に持って行って薬をもらう.そこでは日本のように風邪薬の副作用を防ぐための胃腸薬や栄養剤などを足さないから,量に関しては実に少ない.

15

照れちゃうな　日本ではデパート開店と同時に店員が入ってくる客を最敬礼で迎える．日本人は概して客の扱い方が丁寧ではあるが，一斉に最敬礼されると誰でも照れくさく感じる．ましてやおじぎをする習慣のない外人には，一夜にして一国の主になったようで落ち着かないのである．

16

GAIJINS CAN'T BELIEVE WHAT YOU CAN BUY IN VENDING MACHINES.

MAGAZINES CIGARETTES BEER SAKE

SMOKE NICE DAY

©T.ERNST

へぇ，こんな物も売ってるの？　日本の街角ではズラリと並んだ自動販売機でアルコール類，ポルノ雑誌，夜の道具までが公然と売られているが，これにはたいていの外人が目を見張ってしまう．英語圏の国では交通事故や子供の犯罪を防ぐために自動販売機に厳しい規制がある．

17

見るも恥ずかしい　日本に比べ外国は, 意外にもテレビ放送の内容に対する規制が厳しい. 日本のテレビで見られるヌードや過激なベッドシーンは子供に悪影響を与えるという理由からほとんど許可が出ずカットされてしまう. 自由な国アメリカから来たアメリカ人もこういった面での日本の自由さに苦笑するものである.

こんなの見たことない　英語圏の国では，テレビ同様，ポスター，チラシなどの印刷物にも規制がある．裸体に対しては特に厳しいようである．日本で路上に貼られているポルノ映画の宣伝用のポスターを見て，彼らが目玉を丸くして驚くのも当たり前のこと．

19

GAIJINS FIND THAT SOME JAPANESE AREN'T SO SHY IN THE PARK AFTER DARK!

©1985 T. ERNST

変わるものですねェ　普段はすごくは
にかみ屋の日本人が，いざ日が暮れ暗
くなると，公園のベンチなどで人目を
気にせず大胆に振舞う，その手のひら
を返したような変化に驚く外人が多い．
一方，日本人は，場所と場合を気にせ
ず白昼堂々と振舞う外人の大胆な行動
に戸惑うのだが…．

GAIJINS NEVER SLEEP ON TRAINS FOR FEAR OF OVER SLEEPING THEIR STOP AND NEVER GETTING HOME.

©1985 T. ERNST

大丈夫かな!? 寝過ごすのが不安で眠れないというのも一理だが，ほとんどの外人は電車やバスなどの公共の乗り物の中で寝るという習慣がない．日本人のように一見眠り込んでいる乗客が自分の降りる駅で突然目を覚まして降りるのを「特技」だと思っている外人も少なくない．

21

お葬式!? 日本人は一般に制服を好む民族であるが，結婚披露宴にも皆揃って同じ色，ましてやおめでたい席に黒の背広．外国では黒は葬式の時だけ着用するので，結婚式のようなおめでたい席では黒を避け，明るい色を身につけるのが習慣である．

22

ハイ，チーズ！ 結婚式というめでた
い席なのにどうして日本人は写真を撮
る時でさえニコッともしないのだろう
かというのは外人がいつも持つ疑問．
喜怒哀楽を素直に表す彼らにとっては
特に楽しい喜ばしい結婚式に深刻な顔
の日本人を理解できない．

23

休みにしようよ！ 「1億総クリスチャン」かと思える日本のクリスマスも所詮，一部のキリスト教徒を除いては，セールスのキャンペーンに過ぎない．職場も学校も完全に休みになる日本の正月3日間と同じ気持ちで迎える彼らのクリスマスにいつも通りの仕事などは到底考えられないことである．

24

GAIJINS WONDER WHERE LEFT-OVER CHRISTMAS CAKES GO AFTER CHRISTMAS.

© 1984 T. ERNST

行く先はどこ？ 欧米ではケーキは自分の家で作るもの。自家製。クリスマスケーキはほとんどフルーツケーキを中心とした自家製のケーキだが，日本では店で買う人が圧倒的に多い．街の店頭に並ぶ数々のクリスマスケーキの売れ残ったものが一体どこに行くのか気になるのは必ずしも外人ばかりではないようだ．

25

今年はこれで我慢　昔，日本料理や和菓子に使われていた木の葉や笹も，最近は本物よりもイミテーションが多い．たまに本物が入ってくると我々も感あらたにするものだが，あちらで本物のクリスマスツリーばかり見てきた人間が，プラスチック製を見てどう感じるか，およそ察しがつくものである．

ボク，幸せ！ バレンタインにはチョ
コレートをというのは売り上げ拡大を
狙った菓子メーカーの企画がその出所．
本当はチョコレートではなくても，小
さい物，心のこもったものであればい
い．またこの日は恋人に何かを贈る日
で，日本のように女性から男性へと決
まっているものではない．

27

えっ！ まだ生きている!? 最近外国人の日本料理ファンが急増している。外国でもお寿司やてんぷらなどの店をよく見かけるが、生のものを食べるという習慣がない外人にとって、生作りなどを初めて食べるには大変な勇気がいるもの。ましてピクピク動いているものなんて…。

だめだ，こりゃ！ 牛，豚，それに鶏の頭などがそのまま肉屋にぶら下がっているのを見て日本人は気持ち悪がる。一方外人にとっては魚屋で買う魚とは普通切り身であって，尾頭付きではない．ましてやタコやイカの原形を見たりすると食欲をなくしてしまうのは似た現象．

29

ボクには無理　日本人は普通うどんや
そばは音をたてて食べないとおいしく
ないというが，食事中に音をたてるな
と厳しく育てられてきた外人にとって
は生理的に受け付けない音である．そ
れを音をたてて食べよと注文つけるの
は，逆に日本人が音をたてずに食べる
ほど難しいスキルである．

GAIJINS AMAZE JAPANESE WHENEVER THEY USE THEIR CHOPSTICKS.

©1984 ERNST

さあ, この通りでござーい　普段箸を使わない外人でもうまく使える人が多く, 決してばかにはできないが, 一粒の豆をつかんだりするまでは無理. そんなことをいとも簡単にやってのける日本人の器用さには, たいていの人が感嘆の目を見張ることが多い.

31

GAIJINS ARE CONVINCED TOFU SHOULD BE EATEN WITH A SPOON.

©1984 ERNST

豆腐はスプーンに限る 豆腐はいまや
アメリカでtofuttiと呼ばれるソフト
クリーム状の美容食が人気を博してい
る．これなら箸もいらない。しかし日
本式の豆腐にはプリンのようにスプー
ンを使う外人が多い。豆腐を見たこと
のない外人には「ゼラチンのようなも
の」と説明してあげるとわかりやすい
だろう．

インチキだ レストランなどのウインドーに陳列されている食べ物の見本はいかにもおいしそうで，量もたっぷりあるようだが，いざ目の前に出されるとだいぶイメージダウンすることは我々も経験済み．日本も外国のようにメニューの文字だけ見て注文させれば客からのクレームは避けられるかも．ただし，あのろう細工だけは実感があって，お土産にしたいから是非売ってくれという外人も少なくないそうな．

33

違いすぎるよ！　日本のような小さな
国に一年に春夏秋冬とはっきりとした
四季があることは日本に住むようにな
るまでは想像もつかない．一年中湿度
も少なく気温差もあまりない所に住む
外人にとって，耐え難い暑さの夏から
たった数か月で耐えがたい寒さの冬に
なるこの国の変化にはいささかためら
う外人が多い．

また医者だ！ 日本では人にカゼをう
つすまいとマスクをする人が多いが，
そのマスクが外人にとって不思議に映
る．彼らにとってはマスクは医者が手
術する時にだけ使うもの．外国から初
めての旅行で冬に日本に着いた人たち
が，あちらこちらでマスクをしている
通行人を見かけ，「日本は何と外科医の
多い所かと思った」というジョークも
あるくらい．

アーア，まだかなァ!? 日本では何でも手続きが面倒くさく，時間がかかるのですぐ列ができるのも当然だが，それをちゃんと整列して待っているのには外人は感心する．外国では入場や順番を待つということがあっても何となくバラバラ．順番が乱れて抜かされても目くじらを立てる人はほとんどない．

これも忘れ物!? 外人は自分たちの車で移動することが多く，公共の乗り物に乗る人の割合は少ない．乗っても手荷物は比較的少ない．これに対し，なにかと荷物が多い日本人に忘れ物が多いのは無理もないこと．ときどき遺骨や松葉杖の忘れ物さえあるとのこと．

37

ちっちゃいくせに.／ アメリカはカンザス州のように雨が多く湿気の強い所は別として，広大な西部の州にもセミが生存しない．日本に来て初めてセミの鳴き声を聞いたアメリカ人は小さな虫から出る大きな音を不可思議に思うのは当然である．

これじゃ泳げないよ.／ 日本の夏の海岸やプールのあの混雑は外人には考えられない. 行くところすべて人また人, ひとかきすれば人にぶつかる. 泳ぎを楽しむなんて不可能. こんなジョークもよく言われる. There is water in between the people.

オットット！ アメリカでは jay-walk (信号無視して道路を横断) すると罰金をくらうことになる．日本では罰金の代わりに神風タクシーが飛んでくる。彼らには信号が青に変わる直前に渡り出したり，車が来ていないのを幸いと赤信号を無視して道路を渡ったりする日本人の真似は到底できない．

何か変だな　外人が日本の英会話番組
を見て奇異に思うのは，まず話すスピ
ードがやたらと遅いということ．それ
より傑作なのは，一般の英米人が日常
使っているくだけた言い方や俗語的な
表現をせず，標準語に近いそれも四角
四面な言い方を一生懸命繰り返し繰り
返しやっていることらしい．

変な英語! 最近はTシャツでもカバ
ンでも英語で書かれているものが非常
に多い．日本人は英語の文字をデザイ
ンと考え，意味やスペルなど問題にし
ないで使っているようだが，意味がわ
かる外人にはとんでもない内容のもの
には苦笑させぜるを得ない．

いったい何が入っているの？　日本人は意味を知らずに商品に英語名をつけたがる．ポカリスエットもその一例で，中に汗が入っているのかと外人は飲む気になれない，あの「クリープを入れないコーヒーなんて」のcreepはcreeper（爬虫類）を思い出させたり，またカルピスはcow piss（牛のオシッコ）と聞こえてぞっとするという．

43

GAIJINS OFTEN GO TO HARWJUKU TO SEE SOME REAL ALIENS.

©1986 T. ERNST

何だ!?　あれは　日本の中で変わった人たちを見たいと思ったら原宿に出かけるのが一番，というのが外人の間の評判．映画撮影のロケ先でのエキストラまがいの出立ち，オーストラリア映画『マッドマックス』に出てくる暴走族そこのけの若者たち，これこそ「エイリアン」である．

44

当たり前のことじゃん 日本に和式の
トイレがあることを知らないで来た外
人にとって，誰でも知っている洋式ト
イレの使い方が懇切丁寧に書かれてあ
ったら笑いたくなるのもわかる気がす
る．日本人が和式トイレの使い方の説
明を読むのと同じである.

45

ドキッ!!! 外国ではトイレは同性のものが掃除するのが普通．ただし使用前後の利用者がいない時間には異性が清掃することはある．年はとっても女性は女性．男性用のトイレで女性が作業をしているには戸惑いを感じるらしい．ましてや用便中にそばに来られては出るものも出ないそうだ．

III

Gaijin's Likes and Dislikes

外人の好きなもの嫌いなもの

ハッケヨイ ノコッタ！ 相撲も最近アメリカやフランスなどで少しずつ人気が出てきているが，数年前，力士の一団が初めてニューヨークへ遠征した時は，Japanese sumo wrestler を驚異の目で見たそうだ．もっとも髪の毛が長く，ぽっちゃり太って，袴（彼らにはmen's skirt）をはいた闘士たちを始めは女性の集団と勘違いしたニューヨーカーもいたらしいが．

49

GAIJINS JUST LOVE
YAKITORI.

© 1986 T. ERNST

だ～い好き！ 日本料理に馴染めない外人でも例外なく口にする食べ物が焼き鳥．バーベキューでお馴染みだから，火も通っているし，タレもおいしい．それに何といったって，座敷で脚を折りたたむ苦労もない．焼き鳥を「ヤカトリ」と発音するのは，yakiのiが弱く発音されるから．

見てェ，コレ　一般に英語圏の人々は家族の写真を財布やバッグに入れて持ち歩く習慣がある．そして個人的な付き合いをするようになると，妻や夫，また子供や孫たちの写真を見せたがる．したがって日本人も外国で彼らと親しく交際しだしたら，家族の写真を見せてくれというし，携帯してないとどうして持っていないかと訳をききたがる．外国に出かける人は持って行った方が話題の一つにもなる．

GAIJINS ARE VERY GOOD AT SIGN LANGUAGE.

©1985 T. ERNST

あかんべェー 大げさな身振り手振りをするとはしたないと叱られて育った日本人と、小さい頃から喜怒哀楽を全身で表すようにしつけられた人間とではその表情に大きな差がある。ちなみにこの絵のジェスチャーは人をおちょくる仕草である。

52

GAIJINS FREQUENT COFFEE SHOPS THAT HAVE ANOTHER CUP SERVICE.

ANOTHER CUP SERVICE

©1985 T. ERNST

もう一杯ください 外国のレストランやコーヒーショップで飲むコーヒーや紅茶は, 日本の飲食店で出してくれるお茶と同じにおかわり自由. しかし日本国内ではコーヒーや紅茶はおかわりすれば2杯分お金をとられるのが普通. したがって外人たちがファミリーレストランのような何杯でもおかわりOKなところを好む訳である.

53

GAIJINS ARE RELIEVED TO FIND A WESTERN STYLE TOILET.

TOILET

T. ERNST

よかった！ ボクんち式だ 日本でも最近洋式トイレがだいぶ普及してきたとはいえ、まだまだ和式のところが多いのが現状。洋式しか知らない外人にとっては和式は至難の業である。やっと洋式トイレを見つけるとほっと一息、安心して個室の人となるのである。

えーと，えーと　日本と外国ではお金の計算方法が全然違う．渡したお金から買った品物の値段を引いておつりを一度に渡すのが日本人．品物の値段からもらった金額になるまでお金を足していくのがあちら式．一般に計算に弱い外人には日本人の暗算にはついていけない．

55

これまた痛い習慣ですね／　おじぎといえば日本人で一番上手(?)なのは開店早々や閉店時のデパートの店員．下手なのが国家公務員．そのまたも一つ下手なのが外国人．無理に長身をかがめて，相手の頭とゴッツンコなんてことも珍しくない．

こんなはずでは… 寿司屋で「たこ」を注文するのを聞くと彼らが思い出すのはメキシコ料理のタコ（taco〔スペイン語〕，揚げトウモロコシパン）である．そういえば「イクラ」はロシア語で，英語ではsalmon roeというし，「ハマチ」は英語ではyellow tailという．

好きだネェ　会社の忘年会に加えて、同好会やクラブの先輩後輩との一席、友達だけの集い等々、なにかと飲む回数が増えるのが年末。そんなことに慣れている我々は平気でも、慣れない彼らはいささか食傷気味になる。いわく、「早く家に帰って、もう寝んかい! もう年会!」

ボクの血液型？ 日本人はA型40％，O型30％，B型20％，AB型10％と分類できるため，それぞれの血液型が持つ特徴などに興味を持っている人が多いが，約80％がO型であるといわれているアメリカ人は血液型など気にしないし，自分のさえ知らない人も多い。

59

たいへんお上手です.／ 箸は，中国は
勿論，東南アジアの諸国で使われてい
るから，決して日本の専売特許ではな
い．またあちらでは中華料理店も多く，
箸を使った経験者は少なくない．それ
にもかかわらず日本人が「外人＝不器
用」と決めてかかることに内心不満を
感じる連中が多い．そこで彼らも日本
人に復讐することになる．

GAÏJINS ALWAYS OVERFLOW THE BATHTUB.

by ERNST

あらま，どうしよう？ 日本人が入浴する時は掛け湯をして，あとはたっぷり湯の入った浴槽にどっぷりつかりゆっくり入るのを好む．一方湯舟の中で体を洗う外人は湯の量は浴槽の約⅓．うっかりホストの日本人が用意してくれたお風呂に体積豊かな体でどっぷりつかると湯が溢れることになる．その上，浴槽の中で石鹸を使われたり，出る時に栓を抜いて，次の人が裸で震えながら湯を入れ直すことも珍しくない．

61

たぬき寝入り!? そこら辺にいる外人をつかまえてはなにかと常に用意された質問をしてみて，自分の英語を試そうとする日本人，特に学生が多い．「あなたはアメリカ人ですか」「日本に何年いますか」などの同じ質問にうんざりした外国人がたぬき寝入りしたくなるのも無理のない話．

アンダースタンド？ 始めは日本人が話す英語を聞いて何を話しているか理解に苦しむが，慣れてくると日本人独特の直訳的Japanese-Englishもわかるようになってくる．単語を羅列するだけの構文で，文法無視，単複数無差別，時制不一致などといった英語でも通じるようになるから不思議である．

63

これで何度目だっけ!? そんなに親しくもない外人を結婚式やパーティに呼ぶ日本人が増えている．格付けのためだろうか．国際的な雰囲気を醸し出そうと，外人にスピーチなどをさせ，その場を盛りたてようとするのは結構だが，当の外人たちにはありがた迷惑というもの．

IV

'Me No Speak Japanese'

「ニホンゴ ムズカシイ デス」

これしかないわ　日本語の読めない外人にはレストランでメニューを見てもどれがどういうものか見当がつかない.適当に言って変なものが来ても困るから,ハンバーグなどの易しく読めるものを注文するのは,逆の立場でも同じこと.

67

こんなの注文してない　外国では，アイスコーヒーはレストランやホテルのメニューにない．また熱いコーヒーを注文するのにいちいち「ホット」をつける必要がない．夏にアイスコーヒーが盛んに注文される日本では，うっかり「ホット」を言い忘れると氷入りのコーヒーが来て面食らうこともある．

68

GAIJINS APPRECIATE CASH REGISTERS WHERE THEY CAN SEE THE PRICE.

-5 925

©1984 ERNST

数字に感謝!　日本語のわからない外人にとっては，会計の際，「○○円です」といわれても，いくら支払えばよいのかわからず，ただポカンとするだけ．その点，レジの数字を見ればナットク．なんてったって数字は万国共通，ありがたいものである．

69

笑ってごまかそ　相手の言葉が理解で
きず，どう対処していいかわからない
時は笑ってごまかす，これはどこの国
でも同じこと．ちなみに相手が大勢い
る場所で話がわからない時の国際的不
文律というのが3Sである．すなわち，
ただ黙って（silence）聞いているか，
笑って（smile）ごまかすか，無視して
寝て（sleep）しまうかである．

適当にやっちゃえ！ 日本人は日本料理のみならずいろいろなレシピーをきちんと料理の本を見ながら分量を間違えないようにやる人が多いが，彼女たちは親や友達から教わったものを自分の量で計ったり，勘に頼りながら作る傾向があるようだ．ましてや日本語で書かれた説明はあってなきが如し．

GAïjiNS KNOW THAT WiTHOUT THE SYMBOLS TOILETS CAN BE DiFFiCULT.

TOILETS

糸申士　　女帚人

by ERNST

どっちかなァ!?　トイレの表示は帽子でも靴でも絵を使うのが一番. 日本人で英語が一言も読めない人が英語圏の国へ行って困ることがある. 男性用はWOMENでなくMENだから綴りの短い方へ入れと教えられたら, ときにGENTLEMENと書かれていればLADIESの方へ入ることになるかも.

こっちでいいのかな!?　ちゃんと確認して乗るべき電車に乗っても，長いスペルのローマ字駅名や日本語のアナウンスは理解できず不安はつのる．窓側に座って駅ごとに自分の目で確かめないと落ち着かない．―ワカリマス．

73

ワタシはボク？ 外人が日本語を習いたての頃は男女かかわらず自分のことを「ワタシ」と呼ぶように教えられるが，しばらくして男性は周囲の日本男性の会話を聞いていくうちに自分を「ボク」と呼ぶようになる．しかも自分を指す時に鼻を人指し指で指すという日本人特有のジェスチャーまで真似して．彼らは親指で胸を指す．

GAIJINS FIND THAT NOBODY SPEAKS TEXTBOOK JAPANESE.

©1984 ERNST

教科書どおり話してよ./ 日本人が英語を学ぶ時も同じこと. 学校で使っている英語の教科書通り覚えて使ってみても実際の会話ではなかなか通じない. ましてや外人同士が話している言葉など聞いたこともない単語や言い回しが出てきて, チンプンカンプン. いずこも同じ秋の夕暮れか.

75

スミマセンガ… GaijineseはGaijin
とJapaneseの合成語. 外人が話す特
有の日本語ということ. くずれた日本
語に英語の間投詞が入り, その上,
What's the word for... (〜を日本語
では何と言いましたっけ) などと相の
手が入るから一般の日本人にはチンプ
ンカンプン.

日本語お上手ですね 外人が「コニチワ」「イカガデスカ」「アリガト」ぐらい言えると日本人から決まって「いやー，日本語お上手ですね」と言われて照れるのはごく初期のこと．あんまりいつも言われていると，見えすいたお世辞も鼻についてくるというもの．

「どうも」ばっかり　「どうも」は最近の日本人の口癖の一つでもあるが、挨拶のほか、感謝する時、陳謝する時などほとんど際限なく使うこの言葉に彼らは目を白黒(?)させる。英語に比べて曖昧性の強い日本語のその最たるものが、この「どうも」である。

78

あれっ？　うつっちゃった　「郷に入れば郷に従え」ではないが，見よう見まねで周囲の日本人が始終やっている動作に外人もついつい影響されていく．電話で話をしながら頭を下げるのも，かつて本国では誰もしなかった仕草の一つである．

そんなふうに聞こえないよ.! 「所変われば品変わる」というが，擬声語や擬態語は全く違うと思っていい．英語の場合，豚のoink，蛙のcroak，猫のmewに対し，日本語ではブーブー，ケロケロ，ニャーニャー．言葉を繰り返す傾向があるのも日本語のおもしろい特徴の一つ．覚えるには漫画が一番．

青それとも緑? 青信号は実は緑色.それには理由がある.「大和言葉」の「あお」は色彩名の「青」と異なり,「あか」などの明るい感じがする暖色群にも,また「くろ」という寒色系の暗い色彩群にも属さない,いわば視覚的に中間と感じる色彩すべての総称であった.緑を青と区別しなかったのもその名残りである.

81

GAIJINS DON'T KNOW IF THE "GREEN" TRAIN MEANS THE LIGHT GREEN, BLUE GREEN, OR YELLOW GREEN ONE.

T. ERNST

グリーン車って何色？ 緑といっても，薄緑か青緑か黄緑か，初めてグリーン車に乗る外人が色迷いすることがある．ちなみに虹の色は，日本では「赤橙黄緑青藍紫」の順でいうが，あちらでは violet, indigo, blue, green, yellow, orange, red の順でいう．

V

'Yes, I _AM_ in Japan!'

「ソウダ ココハ ニッポンダ!」

あれっ？開いた　外国のタクシーのドアはほとんどが手動. そのつもりで自分でドアを開けようとすると勝手に開いてお腹をぶつけるなんてことがよくある. 逆に日本人は自動が当たり前と思って待っているとなかなか開かなくて,「あっ. そうだった！」と気づくこともしばしば.

そんなつもりじゃ… 動くものは目玉ばかり，というぐらい身動き一つできない朝夕の通勤電車の中で，ズボンのポケットに入れた財布など取ろうとしない方がよいのは何も外人に限ったことはない．ただし外人の男性の方が出尻が多いから，ズボンの尻ポケットが後ろの人に触れる可能性が大である．

そうか，脱ぐのか　まず彼らは靴を脱ぐ習慣がない．日本のように土壌が火山灰でなく砂地なので汚ないという観念が薄く，酔っぱらったり疲れ切った人など靴をはいたままバタンキューとベッドに横たわる人さえいる．試着室に敷いてあるマットなど靴をはいてのっかるものと信じ込んでいる彼らには自然に靴を脱げるはずがない．

GAIJINS AMUSE THEIR HOSTS BY WEARING TOILET SLIPPERS OUTSIDE OF THE TOILET.

by ERNST

これは失礼しました　日本の家では洋室であろうが和室であろうが，一応靴を脱いでスリッパを履いたり，裸足でいたりするが，この習慣のない彼らには靴を脱いで日本家屋に通された後，何か足の周辺に物足りなさを感じる．そんな時トイレでスリッパを履くとやっと自然な感じに戻り，ついそのまま出てきて笑いの対象になってしまう．

なんでこんなに低いのォ!? 日本人は概して背が低いので鴨居（かもい）も低い．本国では頭を低くすることなど必要のない外人には，鴨居の低さに気付かずゴツン！となることがよくある．duckとはあひるが「ヒョイと水にもぐる」ことから「頭をヒョイと引っ込める」意味に使う．

89

また足らないや パーティなどで初対面の人とすぐ名刺を交換するのが日本人. 10～20枚などすぐなくなってしまう. 外国ではセールスマンは別として一般の人は音声で相手の名前を覚える習慣をもつ. 職業について語ることはあっても, 地位や肩書きは言わないまま別れることさえある.

GAIJINS ALWAYS FORGET TO LEAVE THEIR GLASS FULL WHEN THEY ARE FINISHED DRINKING.

©1984 ERNST

もう，だめ／ 外人は飲みたい分だけ自分で注ぎ，飲むというセルフサービス人型．またあちらでは，みんなが揃って初めて「乾杯」と言って一斉に飲み始めるようなことをしないで，先着順に勝手に飲み始めるのが普通だが，これをだらしないと感じるのが日本人である．

休みにしてよ！　アメリカは6月で学校が終わり，学生はそれから9月の新学期まで長い休みに入る．彼らにとって6月は夏休みの前奏曲．一方，4月から新年度がスタートする日本では6月は仕事も勉強も大忙し．

合いませんねェ 一般に体の大きい外人が日本で服を買おうとするとひと苦労である。胸囲に合わせると袖が短すぎたり，足の長さが合うズボンでもヒップが入らなかったり。既製服では間に合わず，お金のある人は注文服にする人が多いが，しまり屋さんは香港あたりに行った時数着買ってきたりする。

懐しいなァ　アメリカ人にとってジョン・ウェインといったら，日本でいえば三船敏郎のようなもの．初期には大根役者といわれたジョン・ウェインでも，あれだけ長年に渡って，アメリカ魂を売り物にしたハリウッド映画のヒーローを演じたからには，幅広いファンを持っているのは当然のこと．

ここでは必需品 梅雨以外にも春雨,
秋雨があり, 9月は長雨のシーズン.
日本は土壌が砂地より粘土状の所が多
いから水はけも悪い. よほど気取って
その代償として靴とズボンを駄目にし
ても平気であれば別だが, そうでなけ
ればやはりゴム長靴が重宝される. 日
本滞在には是非ご用意を.

GAIJINS FIND THAT WITHOUT A DRYER THEY HAVE TO BUY MORE SHORTS!

© 1984 T. ERNST

早く乾いてくれよ／ 外国は空気が乾燥しているため，温度が30度以上になっても汗をかかないが，日本の夏は湿気が多くジメジメ，ベトベトする．特に梅雨の時期は湿気も極限に達し，洗濯物はたまるものの，家の中ではなかなか乾かず苦労するのは我々も同じ．ただそれを百も承知の日本人は代わりの下着を十分用意している．

皮まで食べてるゥ！ 外人はリンゴや
ブドウは通常皮をむかないで食べる．
農薬など一切使用していないので昔か
らそれが習慣になっているのみならず，
果物の皮自身も日本でとれるものより
いささか薄い．また野菜にしても化学
肥料を使っていないから，水洗いをし
ないで手で土をはらっただけで口にす
る人も多い．

何が悪いんだ!?　日本人がハンカチで
鼻をかむ外人を見て変に感じるのは，
長年の習慣で仕方がないことだろう．
日本の和紙の歴史が長いだけに日常生
活での紙と日本人の関係は深い．紙の
豊富な国に鼻紙が発達してきたのは当
然だし，考えてみれば1回ずつ捨てる
方が衛生的である．

こんなもんじゃないよ！　日本人がア
メリカに行ってサイズの大きさに驚く
トップが, トイレでの男性用の便器,
ピッツァ, ウィスキーの特大瓶などの
大きさであるが, 逆にこれらに慣れて
いる彼らは日本の食べ物, 飲み物の容
器や中身が小さいのに驚く. もっとも
最近清涼飲料水の1.5リットルサイズ
もちらほら登場し始めたが.

GAIJINS HAVE TO BE CAREFUL IN THE PARK.

1980 © T. ERNST

油断は禁物.／ 外人にとって公園とは安らぎの場．静かで落ち着けて，散歩や読書を心ゆくまで楽しめる場所．一方日本の公園は子供の天国．狭い家から解放されたガキドモの私有地でもある．「そこのけそこのけおいらが通る」だから油断は禁物．

VI

'Oh, My Ulcer Aches!'

「モウ ガマン デキナイ!」

STANDARD GAIJIN REACTION TO ELECTION TIME IN JAPAN.

©1985 ERNST

うるさーい／ アメリカでは，連呼は
もちろん，マイクを使って大声で公の
場所でしゃべるということは飛行場の
アナウンスぐらいなもの．それ故，騒
音の多い日本には悩まされる．特に耳
をつんざくほど騒がしい選挙運動や，
駅のアナウンス，パチンコ屋の呼び込
みの音などには耳が異状になるという．

103

静かにせーい／　電車の中でもマーケットの中でも子供が我が物顔にドタバタと走り回って騒がしいのは日本．家の中では暴れまくって両親が手を焼くような子供でも，公の場所に出ると借りてきた猫のようになるのがあちらの子供．日本人が好きな外人も公共の場所での暴動だけはいただけない．

GAIJINS BELIEVE THE VOLUME OF SOME DRUNKS IS TOO LOUD.

©1985 T.ERNST

少しお静かに！　ふだんおとなしく話し声もか細い日本人だが，いざ酔っぱらってしまうと，声も大きく笑いもカンラカンラ．上司にからんだり，女の子にふざけても，翌日「酒の席で…」という口実でなんなく許される．酒飲みには天国の日本である．

105

油をさして/ ナイフが皿にこすれて
出るキィーという音に背筋がぞくっと
なる人は日本人でも多いが，これも同
じこと．さびた自転車に油を塗らない
ためブレーキをかけるたびにキーキー
という不快な音に身の毛もよだつ．一
つには湿気の多い日本では金属類に早
くさびがつくことは事実でありますが．

うっそー，最後まで見せてよ／　9回の裏，ツーアウト満塁，同点という場面でテレビ放送が中断されて頭にくるのは日本人の野球ファンも同じこと．ただしあちらでは融通がきくといおうか，ルーズといおうか，またファンがおっかないといおうか，番組を遅らせて最後まで試合を見せることが多い．

107

ここは**禁煙**ですぞ！　「禁煙」のサインは絶対的なものと思っている人たちは，No Smokingの表示のある前でパカスカと平気で吸っているのを見ると，その表示は単に飾りでしかないことにいちはやく気がつく，とは耳の痛い話である．一方あちらでは最近禁煙が法律化された場所が増えてきている．

少しやせようかなァ!?　「帯に短し襷に長し」は日本人の肥満体にもあてはまる旅館のゆかたのことであろうが，外人というのは痩せて見えていても，意外と骨太であったり，ヒップ・ボーンが発達している．帯など2回はまわらず，1回まわしだとゆるめの結び目から余った部分がだらりとぶら下がって何ともいえない格好になる．

どうなってんだ!? 日本の牛乳パックは開ける操作がややこしく，日本人でさえも時々失敗する．外国製のものは一般に簡単に開く仕掛けになっているから，そんなつもりで日本の牛乳パックを開けようとすると顔や服にひっかけたりする．だいたい日本人の方が手先は器用であるようだが，日本製パックにも改良の必要があるかも．

あー，**面倒くさい**　寝心地がいい上，ぎっくり腰予防にもいいとふとんを好む外人も増えてきたが，どうしても好きになれないのがその上げ下ろし．敷きっぱなしのベッドと違って毎朝毎晩の作業が面倒くさい．狭いアパートに住んでいる外人は仕方なくこの作業を繰り返しているが，部屋に余裕のある輩はほとんど万年床である．

GAIJINS LOVE A GOOD FIGHT IN THE READERS' FORUM.

JAPAN TIMES

©T. ERNST

よーし，また書いてやろう ジャパンタイムズにある「読者の欄」への投書数はたいへん多く，またその内容もおもしろい．見解の相違を尊び，相反する二者がそれぞれ自己の論理を押しながら相手の言い分も聞いていく——実はこれが英語会話の真髄であることを英語学習者は心掛けておく必要がある．

GAIJIN

1987年5月5日	初 版 発 行	
1994年2月5日	第18刷発行	

著　者　ティム・エルンスト／トミー植松

　　　　　©1987 by T. Ernst & T. Uematsu

発行者　小笠原　敏晶

発行所　株式会社　**ジャパン タイムズ**

　　　　〒108 東京都港区芝浦4丁目5番4号

　　　　電話　東京 (03) 3453-2013［出版営業］

　　　　　　　　　　　 3453-2797［出版編集］

　　　　振替口座 東京9-64848

印刷所　株式会社　太平印刷社

カバーデザイン：㈱CADEC

定価はカバーに表示してあります。

ISBN 4-7890-0348-5